Bibliografische Information der Deutschen Nationalbibliothek:
Die Deutsche Nationalbibliothek verzeichnet diese Publikation
in der Deutschen Nationalbibliografie; detaillierte bibliografische
Daten sind im Internet über http://dnb.dnb.de abrufbar.

Herstellung und Verlag:
BoD – Books on Demand, Norderstedt.

Titelbild: © Reicher / fotolia.com
Bild Seite 7 rechts oben: Models und Brautkleider: Haus der Braut, Mönchengladbach

ISBN: 9783738602555

*Heiraten* FEIERN TAGEN

# Inhalt

# Heiraten FEIERN TAGEN

## DIE LOCATION

Zu den wichtigsten Dingen bei der Vorbereitung einer Hochzeit oder eines Festes gehört die passende Auswahl der Location. Die Location kann mit einer charmant verträumten oder spartanisch modernen Atmosphäre Ihre Hochzeit / Feier zu einem unvergeßlichen Ereignis machen. Allerdings bei schlechter oder ungenügender Planung und Vorbereitung leider auch in negativem Sinn.

Sobald der Termin feststeht, sollten Sie sich auf die Suche begeben. Bitte beachten Sie: Besondere Locations sind oft zwei bis drei Jahre im voraus ausgebucht.

Heiraten
FEIERN
TAGEN

Wichtig ist ebenso die Frage, wie viele Gäste werden eingeladen, mit oder ohne Übernachtung? Wie lange ist die Fahrt von der Kirche / Standesamt, ist die Location barierrefrei? Gibt es ein Hochzeitsmotto und soll die Location in das Motto eingebunden werden? Stilvoll elegant im 5 Sterne Hotel oder rustikal auf dem Land? Schloß, Burg, ehemalige Fabrikhalle oder vielleicht ein Boot auf einem Fluß / See?

Sinnvoll ist eine Location, die nahe bei der Kirche oder dem Standesamt liegt. Die Gäste möchten lieber mit Ihnen feiern als lange im Auto sitzen  Tipp: Sind Kinder oder Kleinkinder dabei? Dann sollten Sie auf jeden Fall an die Kinderbelustigung denken (separater Raum?) und an eine Wickelmöglichkeit für die Kleinsten.

Die Location sollte einfach zu finden sein. Achten Sie auf die Beschilderung und ergänzen Sie die ggf. durch eigene, kleine Hinweise sofern das möglich und gestattet ist. Die Möglichkeiten und die Auswahl an Locations sind heute fast unbegrenzt.

Übrigens: Ein Weedingplaner kennt oft viele Locations bereits persönlich und kann Ihnen hier wichtige Informationen liefern. Oft sind die Kosten für den Weedingplaner geringer als sich selbst auf die Suche zu begeben.

Sollte es eine Mottohochzeit sein, so vereinfacht es die Suche. Zum Beispiel: Westernhochzeit im Freizeitpark oder auf einer Ranch. Reiterhochzeiten auf dem Landgut.

Die Wahl der Jahreszeit hilft ebenfalls schnell bei der Auswahl. Draußen oder Drinnen? Zelthochzeit oder ganz Freiluft? Hochzeiten im Schnee sind immer beliebter oder eine Hochzeit am Strand?

Gerade in unseren Breitengraden ist die Hochsaison der Hochzeiten von Ende April bis Anfang Oktober. Aber selbst im Hochsommer sollten Sie beim Feiern im Freien auf alles vorbereitet sein.

Welche Wahl Sie auch treffen – wir haben auf den nächsten Seiten zahlreiche Möglichkeiten für Sie zusammengestellt.

## Willkommen zu Hause im Café Kornblume.

Mit dem Café Kornblume haben wir eine Art „zweites Zuhause"
geschaffen. Zum abschalten, entspannen und genießen.
Wir laden Sie ein, einige Stunden mit uns in entspannter und
zugleich natürlicher Atmosphäre zu verbringen.
Je nach Stimmung und Anlass findet hier jeder seinen Lieblingsplatz:

• Bis zu 150 Sitzplätze drinnen und draußen
• Hochzeiten/Familienfeiern
• Taufe/Kommunion/Firmung/Konfirmation
• Firmen-Events/Weihnachtsfeiern
• eigenes Gästehaus direkt nebenan
• Und vieles mehr …

Wir freuen uns auf Ihren Besuch!

*Heiraten* FEIERN TAGEN

## Café und Gästehaus Kornblume

Hinterorbroich 16
47839 Krefeld

Tel: 02151.623444

cafe_kornblume@gmx.de
**www.cafe-kornblume.de**
**www.gaestehaus-kornblume.de**

Öffnungszeiten
im Sommer
Dienstag - Freitag:
12:00 - 19:00 Uhr
Samstag, Sonntag, Feiertag:
09:00 - 19:00 Uhr

Öffnungszeiten
im Sommer
Mittwoch - Freitag:
13:00 -18:00 Uhr
Samstag, Sonntag, Feiertag:
09:00 - 18:00 Uhr

HEIRATEN

## Life bietet Ihnen die Möglichkeit,
## Ihr Event unvergesslich zu gestalten.

Unsere flexiblen Räumlichkeiten lassen keine Wünsche offen, so dass wir Ihr Fest so individuell ausstatten können, wie Sie es sich vorstellen. Im Winter können bis zu 400 Personen unseren inneren Restaurant-Bereich bequem nutzen, im Sommer ist das auf über 1000 Personen erweiterbar. Verschiedene Buffet-Angebote oder Getränke-Angebot, die genau auf Ihre Bedürfnisse abgestimmt werden können, runden Ihre persönlichen Events ab. Sie haben Kinder dabei? Keine Sorge, auch die Kleinen haben Beschäftigung. Im Winter können die Kleinen sich im Kindercorner beschäftigen. Im Sommer bieten wir den Kindern einen großen Spielpark auf über 2000 qm, mit Hüpfburgen, Wasser-rutsche, Trampolin und vieles mehr an.

*Heiraten* FEIERN TAGEN

## Restaurant Life im Waldpark

Im Eschert 41
47877 Willich

Tel:  02154 4868590

info@life-willich.de
**www.life-willich.de**

Öffnungszeiten:
Di.-Sa. 17:00 - 22:00 Uhr
So.     09:00 - 22:00 Uhr
Mo. Ruhetag

## Ihre Festlichkeit als Highlight

Das Hotel am Park ist ein Tipp für Menschen mit Gefühl für das Besondere. Wir freuen uns darauf, auch Sie von unserem Haus überzeugen zu können.

Unsere Gastronomie bietet Entspannung und Genuss für die Sinne. Von der Feier im engsten Freundes- und Familienkreis bis zur Hochzeit, Geburtstag, Kommunion oder Feierlichkeiten jeder Art, bieten unsere großzügig angelegten Räumlichkeiten bis zu 200 Personen den angemessenen Rahmen. Ein guter Service vor und während Ihrer Feier ist für uns selbstverständlich. Zudem stehen in unserem Hotel bis zu 20 individuell eingerichtete Doppel- und Einzelzimmer im Landhausstil für Sie und Ihre Gäste zur erholsamen Übernachtung zur Verfügung

*Heiraten* FEIERN TAGEN

## Hotel am Park Hückelhoven

Jülicher Straße 11
41836 Hückelhoven

Telefon: (02433) 90 99-0
Telefax: (02433) 90 99-13

Übernachtungen:
Unsere 20 individuell einge-
richteten Doppelzimmer /
Einzelzimmer im Landhausstil
verfügen über Dusche, WC,
Telefon, Schreibtisch, Kabel-
TV und Radio.

info@hotelampark-hueckelhoven.de
**www.hotelampark-hueckelhoven.de**

## Hafenliebe Neuss

Liebes Brautpaar, Ihre Hochzeit soll einer der schönsten und glücklichsten Tage Ihres Lebens werden – und wir möchten Sie an diesem Tag begleiten! Die HAFENLIEBE Neuss bietet den perfekten Rahmen für Ihre Feier: moderne Veranstaltungsräume, einmaligen Service, den Blick auf das Quirinus Münster und das Hafenbecken sowie ein tolles Küchenteam. Bei uns finden Sie einen Ansprechpartner, der Sie von der Planung bis zur perfekten Umsetzung lückenlos unterstützt und an die Hand nimmt. Ob ein rauschendes Fest mit stilvollem Dinner, ein schönes Beisammensein im Kreis der Liebsten oder ein Empfang auf unserem Sonnendeck mit Blick in den Neusser Hafen – wir lassen Ihre Traumhochzeit wahr werden! Genießen Sie Ihre Feier zusammen mit Ihrer Familie und Ihren Freunden und überlassen Sie alles weitere einfach uns.

*Heiraten* FEIERN TAGEN

## Hafenliebe Neuss

Hafenliebe Neuss
Susanne Schoepe
Am Zollhafen 7
41460 Neuss

Telefon: 0 21 31 - 17 84 120
Mobil:  0 151 - 58 58 95 69
E-Mail: info@hafenliebe-neuss.de
www.hafenliebe-neuss.de

Öffnungszeiten:
Di.-Do.: 12.00 Uhr-15.00 Uhr
17.30 Uhr-23.00 Uhr

Fr.:    12.00 Uhr-15.00 Uhr
        17.30 Uhr-02.00 Uhr
Sa.:    17.30 Uhr-02.00 Uhr
Montag, Sonn- und Feiertag
Ruhetag

**Hauptdeck:** 160 m² mit
angrenzendem Sonnendeck
**Oberdeck:** 160 m², z.B. Platz
für bis zu 100 Gästen, sitzend
an runden Bankettischen,
einem separatem Buffetraum
und einem Loungebereich

HEIRATEN

# **BROICH** CATERING & LOCATIONS

## **Wir verschenken Augenblicke ...**

Ganz gleich ob es für den schönsten Tag in Ihrem Leben oder für den wichtigsten in Ihrem Geschäftsjahr sein soll – **BROICH**CATERING&LOCATIONS verwandelt Ihre Veranstaltung in ganz besondere Augenblicke. Mit ganz besonderen Locations und exklusiven Cateringkonzepten. Diese werden individuell auf Ihre Bedürfnisse und die Ihrer Gäste zugeschnitten. Hochzeitspaaren offerieren wir vorzugsweise unsere traumhafte Location Schloss Dyck, die stylische Halle am Wasserturm oder die Glühofenhalle mit attraktiven Außenbereich auf dem AREAL BÖHLER in Meerbusch. Dieses bietet durch faszinierende Locations mit flexiblen Flächen von 350 bis 12.000 m² auch für Veranstalter von Großveranstaltungen optimale Möglichkeiten!

*Heiraten* FEIERN TAGEN

## **BROICH**CATERING&LOCATIONS

Böhlerstraße 1
40667 Meerbusch

Tel.: 0211 602030

info@broichcatering.com
**BROICH**CATERING.COM
**BROICH**LOCATIONS.COM

Veranstaltungsräume
von 10 Personen
bis über 1000 Personen

# Der schönste Tag in bestem Ambiente

Dies können wir Ihnen in unserem Pagodenzelt unter freiem Sternenhimmel und Blick auf den Strand unseres hauseigenen Badesees bieten.
Zu unserem Zelt gehören ebenso eine gemütliche Sonnenterrasse.

Den Apero reichen wir in privater Atmosphäre auf der Vorwiese unter
unserem Pavillon. Überzeugen Sie sich selbst von diesem außergewöhn-
lichem Flair.

### Ihre Hochzeit All-Inclusive
Gerne stellen wir Ihnen Ihre Wunschpauschale bei einem persönlichen
Gespräch zusammen.

*Heiraten* FEIERN TAGEN

## Hotel Sternzeit

Friedrich-List-Allee 9
41844 Wegberg-Wildenrath

Tel.: 02432 492-0
Fax: 02432 492-492

info@hotelsternzeit.de
**www.hotelsternzeit.de**

Öffnungszeiten:
Küche 12:00 - 14:00 Uhr
und    18:00 - 22:00 Uhr
Rezeption 24 Stunden

## Eure Hochzeit in guten Händen

Christiane, Matthias und Christoph sind Eure Hochzeitsfreunde und ein eingespieltes Hochzeitsteam. Kunden schätzen unsere Qualität, Aufmerksamkeit und Empathie. Jede Hochzeit ist etwas Besonderes- und das leben wir. Ob Planung, Fotografie, Video, Brautstyling, DJ oder Technik, bei uns erhaltet Ihr viele Leistungen aus einem Haus. Besucht unsere Webseite und kalkuliert dort im ersten Step, was Ihr für Eure Hochzeit gerne buchen möchtet oder ruft uns direkt an.

PS. Unser Ladenlokal befindet sich in der ehemaligen Weinbrennerei Dujardin am Krefelder Rheinufer.

Wir freuen uns auf Eure Hochzeit.

Heiraten FEIERN TAGEN

**Deine Hochzeitsfreunde**

Dujardinstraße 7
47829 / Krefeld

02151-8219400
02151-7896871

info@hochzeits-freunde.de
**www.hochzeits-freunde.de**

Öffnungszeiten:
Montags geschlossen
Di-Fr von 10:00 Uhr - 19:00 Uhr
Sa von 9:00 Uhr - 14:00 Uhr

Hochzeitskonzepte
Gestaltung & Druck
Hochzeits-Fotografie
Hochzeits-Videografie
Photobooth
Brautstyling
Haare & Make-Up
Antrags-Doku
Kutsche & Co
Entertainment & Technik
Licht & Stimmung

Und vieles mehr!

© S. Mayska

© MRC

# Heiraten im Haus Erholung –
# unbeschwert, entspannt und stilvoll!

Das großzügige, elegante Ambiente, ausgezeichnete Gastronomie und moderne Technik bieten hier die Basis für erfolgreiche Veranstaltungen und unvergessliche Hochzeiten. Sieben Räume stehen für eine ausgelassene Hochzeitsfeier zur Verfügung, hier ist für jede Gästeanzahl der passende Raum zu finden: Angefangen bei für kleineren Gesellschaften, bis hin zum Kaisersaal, der Platz für bis zu 250 Gäste bietet. Die großen Räume bieten ausreichend Platz für Live-Musik und Tanz. Ganz nach den Wünschen des Brautpaars lässt sich auch eine Bühne für die Hochzeitsband aufstellen. Das Catering bietet für jeden Geschmack das Richtige: von Hausmannskost bis zur gehobenen Küche – ganz nach den Wünschen des Brautpaares. Die wunderschöne Außenanlage mit Springbrunnen eignet sich hervorragend als Kulisse für Hochzeitsfotos.

*Heiraten* FEIERN TAGEN

## Haus Erholung

Johann-Peter-Bölling-Platz 1
41061 Mönchengladbach

Tel.: 02161 10094
Fax: 02161 207744

info@hauserholung.de
**www.hauserholung.de**

**Mühlenhof Restaurant
Feiern & Heiraten im Schatten der Mühle.**

Es gibt unzählige Orte für eine Hochzeit, aber nur wenige die zum Träumen einladen. Die historischen Gebäude mit Mühlenambiente und der wunderschön angelegte Innenhof werden Sie und Ihre Gäste verzaubern. Lassen Sie uns teilhaben an Ihren Vorstellungen und überlassen Sie uns die Umsetzung; egal ob Location zum Feiern oder für Ihre freie Trauung. Wir organisieren gerne für Sie Ihre ganz persönliche Traumhochzeit. Verschiedene Räumlichkeiten für bis zu 150 Personen und der historische Innenhof stehen Ihnen zur Verfügung. Machen Sie aus Ihrer Hochzeit etwas ganz Besonderes; ein Fest nach Ihren eigenen Ideen und Vorstellungen. Durch die Erfahrung und kompetente Beratung unseres Teams bleiben keine Wünsche offen. Vereinbaren Sie einen unverbindlichen Gesprächs- und Besichtigungstermin mit uns.

*Heiraten* FEIERN TAGEN

## Mühlenhof Restaurant

Jörg Heselmann
Greilack 33
47546 Kalkar-Niedermörnter

Telefon: 02824/924092
Telefax: 02824/924093

jheselmann@muehlenhof.net
**www.muehlenhof.net**

Öffnungszeiten:
Täglich ab 10Uhr, kein Ruhetag

Unsere Veranstaltungsräume

„Mühlensalon"
für max. 20 Personen
„Mühlenzimmer"
für max. 40 Personen
„Festsaal"
Für max. 150 Personen
„Galerie"
Für max. 150 Personen

**VAN DER VALK**
# HOTEL MOERS

HEIRATEN BEI VAN DER VALK
ÜBERRASCHEND VIELFÄLTIG

## Unser Angebot für Sie schon ab 74 Euro p. P.

- Sektempfang zur Begrüßung
- Kaffee- & Kuchenbuffet oder „Herzhafter Mitternachtssnack"
- Getränkepauschale für 8 Stunden
- Internationales Hochzeitsbuffet
- Eisbombe mit Tischfeuerwerk & Basisdekoration

Ab 40 Personen gibt es für das Hochzeitspaar gratis dazu:
- 1 Übernachtung inkl. reichhaltigem Frühstücksbuffet
- 1 Fahrt (max. 1 Std.) in der Limousine inkl. einer Flasche Haussekt oder
  1 Fahrt (max. 1 Std.) mit einem originalen Oldtimer

*Heiraten*  FEIERN  TAGEN

VAN DER VALK
# HOTEL MOERS

## Hotel Moers van der Valk GmbH

Krefelder Straße 169
47447 Moers

Telefon: +49 (0) 2841 - 146 0
Telefax: +49 (0) 2841 - 146 239

moers@vandervalk.de
www.vandervalk.de/moers

- 126 Hotelzimmer

- 7 Veranstaltungsräume
  für Feierlichkeiten & Tagungen
  bis zu 600 Personen

- Restaurant
  täglich geöffnet bis 23:00 Uhr

- W-Lankostenfrei

HEIRATEN

### Tüschenbroicher Mühle

Die Tüschenbroicher Mühle bietet gehobene Gastlichkeit mit über 100 jähriger Tradition für bis zu 120 Personen. Unser Haus liegt am Südtor des Naturparks Schwalm-Nette, eingebettet in ein europäisches Naturschutzgebiet. Durch seine einzigartige Lage in unverwechselbarer niederrheinischer Landschaft, mit Teichen, Wäldern, einer alten Burg und zwei Wassermühlen, ist es die perfekte Location für Familienfeiern aller Art. Unsere Küche ist regional, leicht und modern. Sie orientiert sich den Jahreszeiten.

**Sie feiern – wir verwöhnen Sie!!**

Gerne planen und arrangieren wir für Sie nach Ihren Vorstellungen und Wünschen Ihr Hochzeitsfest, Familienfeier oder Seminar.

*Heimaten* FEIERN TAGEN

## Tüschenbroicher Mühle

Tüschenbroicher Mühle
GmbH & Co KG
Gerderhahner Str. 1
41844 Wegberg

Tel.: 02434 4280
Fax: 02434 25917

**www.tueschenbroicher-muehle.de**

Öffnungszeiten:
Dienstag bis Sonntag
10:00 Uhr bis 22:00 Uhr

FEIERN

## Landgasthof FLACHS HOF

Den Flachs Hof finden Sie im Westen Mönchengladbachs am Rande des
kleinen Ortes Merreter, mitten in der niederrheinischen Kulturlandschaft.
Der Flachs Hof ist ein Landgasthof wie aus dem Bilderbuch. Es erwartet Sie
eine ungezwungene Atmosphäre und ein entspanntes Ambiente.
Lassen Sie den Alltag hinter sich.
Unsere Leckereien: bodenständig rheinisch, klassisch, französisch, asiatisch,
mediterran, natürlich, afrikanisch - crossover - jedenfalls nie langweilig.
Regelmäßig wechselnde Karte mit saisonalen Angeboten, leckeres Bier und
erlesene Weine. Ganzjährige Aktionen und Events.
Menues, Buffets, Fingerfood, Canapées in vielen Variationen.
Gerne würden wir auch Ihre Feier zu einem besonderen Erlebnis werden lassen.
Ab 60 Personen steht Ihnen auch das ganze Haus zur Verfügung.

*Heiraten* FEIERN TAGEN

## Landgasthof FLACHS HOF

Willi Hastenrath
Merreter 10
41179 Mönchengladbach

Tel 02161 - 58 49 96
info@flachshof.de
www.flachshof.de

Öffnungzeiten:
Mittwoch – Samstag ab 18 Uhr
Sonntags 12 bis 15 Uhr u. ab 18 Uhr
und nach Vereinbarung

- großer Parkplatz, Kinder-
  spielwiese, Außenterrasse,
  überdachter Innenhof,
  Empore für 20 Personen

- Gesellschaftsraum bis
  80 Personen (klassisch
  eingedeckt)
  140 Personen bei unge-
  zwungener Feier; teilweise
  bestuhlt und mit Stehtischen
  aufgelockert

FEIERN

**TAGUNGS- & LANDHOTEL KREFEL**

## SIE SIND IN FEIERSTIMMUNG? WIR AUCH!

Wir sind glaubhaft und herzlich. Unser hoher Anspruch an Qualität ist keine Frage von einem Augenblick, sondern für uns ein Versprechen, das Ihnen zu jeder Zeit gegeben wird. Professionellen Veranstaltungs-service, kreative Ideen, maßgeschneiderte Feste, attraktive Konditionen und natürlich persönliche Ansprechpartner. Egal ob Sie zu zweit oder mit 300 Personen feiern möchten – unsere Festräume und Gartenterrassen passen sich der Zahl Ihrer Gäste an und überzeugen mit perfektem Ambiente für Ihre Feierlichkeiten.

Mit unserer Kreativität sind Ihnen keine Grenzen gesetzt. Ob Karibikflair mit Samba-Rhythmen oder relaxed unter'm Sternenhimmel auf unserem romantischen Weinberg – Wir freuen uns Ihr Gastgeber zu sein und machen Ihre Feier zu einem ganz besonderen Erlebnis.

*Heiraten* FEIERN TAGEN

# Mercure Tagungs- & Landhotel Krefeld

Elfrather Weg 5 - Am Golfplatz
47802 Krefeld

Tel.: + 49 (0) 2151 9560
Fax: + 49 (0) 2151 956100

H5402@accor.com
**www.restaurant-augenblick.de**
**www.mercure.com**

Öffnungszeiten: 24 Stunden

# Müller`s Platz

Im Zentrum der Stadt Erkelenz gelegen, bieten wir Ihnen Räumlichkeiten für bis zu 200 Personen, für Ihr ganz persönliches Event. Dabei sollen Sie den Rundum-Sorglos-Service erfahren, den Sie sich von einer Feier wünschen. Feiern Sie zusammen mit Ihren Gästen und genießen Sie die entspannte Atmosphäre. Egal ob Geburtstag, Hochzeit, Jubiläum, Kommunion oder Klassentreffen, es ist Ihr Tag und den sollen Sie noch lange in besonderer Erinnerung behalten. In unserer hauseigenen Küche bereiten unser Chefkoch und sein Team leckere Speisen frisch für Sie zu. Ebenfalls steht Ihnen unser Servicepersonal mit Freundlichkeit, Motivation und Fachkompetenz bei jeder Veranstaltung gerne zur Verfügung. So können Sie sich auf das Wesentliche konzentrieren und erleben eine entspannte Feier. Unser Motto: Alles kann – nur wenig muss.

*Heiraten*  FEIERN  TAGEN

## Müller´s Platz

Müller-Platz
Objekt- und Eventmanagement GmbH
Kölner Str. 95
41812 Erkelenz

Telefon: 02431/8065714
Telefax:  02431/8065710

info@mueller-platz.com
**www.mueller-platz.com**

Öffnungszeiten: individuell

Räume für:
- Geburtstage
- Hochzeiten
- Kommunion
- Konfirmation
- Beerdigungskaffee
- Vereinsfeiern
- Weihnachtsfeiern
- Klassentreffen
- Firmenevents
- Jubiläen
- Catering

Restaurant · Catering · Hofgarten

## Wir freuen uns auf Ihr Fest!

Willkommen bei Stappen in Korschenbroich – ob Hochzeitempfang auf der Aperitifterrasse und im blühenden Garten, Familien- oder Firmenveranstaltung, Weinprobe in der Vinothek, Catering bei Ihnen zu Hause, wir begleiten Sie gerne kulinarisch.

Seit 17 Jahren leben wir Gastronomie mit großer Freude, legen Wert auf frische regionale Küche, die auch mal über den Tellerrand schaut und eine herzliche Atmosphäre.

## Gasthaus Stappen

Steinhausen 39
41352 Korschenbroich
OT Steinhausen

Telefon: 0 21 66- 88 22 6

mail@gasthaus-stappen.de
**www.gasthaus-stappen.de**

Seit 2013 auch im „Stappen im Wilke" in Düsseldorf-Oberkassel.
**www.stappen-im-wilke.de**

- Hochzeiten, Familienfeste, Firmenevents, Catering
- Räumlichkeiten von 12 – 30 Personen
- Restaurant exklusiv bis 90 Personen
- großer blühender Garten, Aperitifterrasse, Hofgarten

FEIERN

## Wohlfühlen und genießen

Das Nierswalder Landhaus inmitten des grünen Dorfes Nierswalde ist der ideale Ort für Ihre romantische Hochzeit oder Ihr Jubiläum. In ländliche Umgebung feiern Sie ungezwungen in herrlich grüner Umgebung mit großer Außenterrasse, weitläufigem Garten und urgemütlichem Restaurant.

Unser ausgesprochen freundlicher Service und die anspruchsvolle Küche lassen keine Wünsche an Ihre Feier offen. Wir planen für Sie und mit Ihnen bis ins i-Tüpfelchen, damit Sie mit Ihren Gästen entspannt feiern und genießen können. Und der Clou: Sie und Ihre Gäste übernachten in unseren 30 komfortablen Zimmern, zum Teil in der ehemaligen Dorfschule. Eine nicht alltägliche Unterbringung!

*Heimten*   FEIERN  TAGEN

## Nierswalder Landhaus

Nierswalder Landhaus
Dorfstr. 2
47574 Goch-Nierswalde

Telefon 02823-9288833
Telefax 02823-9288834

info@nierswalder-landhaus.de
**www.nierswalder-landhaus.de**

Öffnungszeiten:
Täglich von
12:00 Uhr bis 22:00 Uhr

Sitzplätze:
- Restaurant: 100
- Terrasse: 120
- Stube: 30
- Tagung im
  ‚Alten Klassenzimmer': 30
• Hochzeiten, Geburtstage,
  Jubiläen
• Tagungen, Seminare,
  Workshops mit Teambuilding
  und Freizeitprogramm
• Weihnachtsfeiern
• Sommerfeste

FEIERN

## FEIERN – VERANSTALTEN – TAGEN

Hochzeit, Jubiläum oder einfach eine Feier mit Freunden – unsere mittel-alterliche Burganlage umrandet von altem Baumbestand ist eine außerge-wöhnliche und **vielseitige Location** für Ihre Veranstaltung. Unser Anwesen bietet ganz unterschiedliche Event-Locations mit eigenem Ambiente für Ihre Feier. Unsere **Eventkirche** kann für freie Trauungen ebenso genutzt werden, wie für eine durchtanzte Partynacht, Konzerte oder als festlicher Hochzeits-saal mit viel Platz für Gesellschaft und Tanzfläche. Die **Aula** bietet **50er Jahre Flair** und **Bühne** sowie Platz für bis zu 150 Personen. Im **teilbaren Festsaal** mit angrenzendem **begrünten Innenhof** lässt es sich drinnen wie draußen gemütlich feiern. Das Schlosshotel Domäne Walberberg ist auch **standesamtliche Außenstelle** der Stadt Bornheim.

## CAREA SCHLOSSHOTEL DOMÄNE WALBERBERG

Rheindorfer Burg
53332 Bornheim

Telefon (0 22 27) 85 200
Telefax (0 22 27) 85 111

info@domaene-walberberg.de
www.domaene-walberberg.de

Schlosshotel / private Parkanlage
bis zu 150 Personen
Raumanzahl 3
Kloster-Innenhof
Freiflächen im Außenbereich
teilweise barrierefrei
Standesamtliche Außenstelle
Kirche vor Ort / freie Trauungen
80 Parkplätze am Haus
45 Hotelzimmer
Musik & Tanz nach Absprache

FEIERN

Große Empfangshalle

»Direktorenhaus«

Großes Direktorenkontor

## Feiern in filmreifen, historischen Industriekulissen

Das „Direktorenhaus" war einst die Hauptverwaltung der Maschinenfabrik Monforts. Die einst marktführende Position des Unternehmens ist in allen Räumen heute noch spür- und sichtbar, die Räume sind edel mit Holz oder Marmor ausgestattet. Genießen Sie das Flair einer großen, längst vergangenen Epoche ... Seit 2013 betreibt der Eventcaterer „noi!" das „Direktorenhaus" als Veranstaltungslocation und bewirtet seine Gäste gleichzeitig im selben Gebäude, eine Etage tiefer – im Restaurant „Kette & Schuss". Aus der früheren Monforts-Kantine wurde eines der charmantesten und kultigsten Restaurants im Rheinland. So feiern Sie im „Direktorenhaus" – immer passend zum Anlass – entweder im „nobel-eleganten" oder „industriell-authentischen" Umfeld.

Heiraten    FEIERN    TAGEN

»Umkleide II«

Restaurant »Kette & Schuss«

## »Direktorenhaus«/»Kette & Schuss« im Monforts Quartier

»Direktorenhaus« und
Restaurant »Kette & Schuss«
Monforts Quartier 1
41238 Mönchengladbach

Telefon 0 21 61/463 463
info@noi-events.de
www.ketteundschuss-mg.de
www.noi-events.de
Öffnungszeiten: Mo.-Fr. 9–15 Uhr,
Mittagstisch 11.30–15 Uhr

### Räume »Direktorenhaus«:
Große Empfangshalle,
Großes Direktorenkontor,
Kleines Direktorenkontor,
Sekretariat – alle kombinierbar;
gesamt 300 Personen max.

### Räume »Kette & Schuss«:
Großer Gastraum, Casino,
Umkleide II – alle kombinierbar,
gesamt 400 Personen max.

FEIERN

## Manches muss im größeren Rahmen besprochen werden

In unserem hochmodernen und vollklimatisierten Tagungsgebäude sind wir in der Lage auf Ihre Individuellen Bedürfnisse einzugehen. Mit modernster Technik wie Beamer, Leinwand, Flipchart etc. sind unsere Räumlichkeiten auf dem neusten Stand. In unseren 6 Tagungs- und Besprechungsräumen bieten wir Platz für 2 bis 100 Personen. Alle Räume verfügen über viel Tageslicht und können bei Bedarf verdunkelt werden. Nach Ihren Wünschen und Ihrer Teilnehmerzahl können die Räumlichkeiten unterschiedlich bestuhlt werden. Auch für das leibliche Wohl Ihrer Teilnehmer kann unser Haus über den ganzen Zeitraum Sorge tragen. Mit unserer Tagungspauschale liegen Sie immer richtig, da diese bereits optimal auf die Bedürfnisse unserer Tagungsteilnehmer ausgelegt ist.

*Heiraten* FEIERN TAGEN

## Hotel Sternzeit

Friedrich-List-Allee 9
41844 Wegberg-Wildenrath

Tel.: 02432 492-0
Fax: 02432 492-492

info@hotelsternzeit.de
**www.hotelsternzeit.de**

Öffnungszeiten:
Küche 12:00 - 14:00 Uhr
und    18:00 - 22:00 Uhr
Rezeption 24 Stunden

TAGEN

## Müller-Platz Objekt- und Eventmanagement GmbH

Im Zentrum der Stadt Erkelenz gelegen, bieten wir Ihnen zwei Tagungs-
räume für bis zu 150 Personen an. Beide Räume verfügen jeweils über
eine große Terrasse, die im Sommer mit einem Zelt überdacht sind.
Ebenfalls bieten wir eine große Rasen- und Außenfläche an, die für ver-
schiedenste Projekte genutzt werden kann. Unsere Nähe zum Bahnhof
Erkelenz, der Autobahn und unser großer Parkplatz sorgen für eine
problemlose Anfahrt.
Erleben Sie Tagen in einer entspannten Atmosphäre, von der ersten
Minute an. Natürlich ist auch für Kaffeepausen, Mittag- oder Abend-
buffets durch unsere hauseigene Küche bestens gesorgt. Gerne beraten
wir Sie persönlich und stehen Ihnen bei Ihrem Event zur Seite.

*Heiraten* FEIERN TAGEN

# Müller-Platz Objekt- und Eventmanagement GmbH

Elisabeth Müller-Platz
Kölner Str. 95
41812 Erkelenz

Telefon: 02431/8065714
Telefax: 02431/8065710

info@mueller-platz.com
**www.mueller-platz.com**

Öffnungszeiten: individuell

Räume für:
- Tagungen
- Schulungen
- Seminare
- Konferenzen
- Produktpräsentationen
- Firmenevents

**TANJA WEBER**
Messe- und Eventmanagement

# Ihre Veranstaltung in guten Händen

Sie suchen zuverlässige und professionelle Unterstützung bei der
Organisation Ihrer Hochzeit, einer großen Familienfeier, der nächsten
Weihnachtsfeier oder einer Tagung?
Als Eventmanagerin mit langjähriger Berufserfahrung biete ich Ihnen
professionelle Veranstaltungsorganisation, individuellen Service, kompetente Beratung und eine detaillierte und budgetkonforme Umsetzung
Ihrer Vorstellungen. Dabei übernehme ich auf Wunsch alle Aufgaben rund
um Ihre private Feier oder Ihr geschäftliches Event.
Mein Ziel ist es Sie von organisatorischen Fragestellungen frei zu halten
damit Sie sich während der Veranstaltung voll und ganz Ihren Gästen
widmen können!

*Heiraten* FEIERN TAGEN

## Tanja Weber Messe- und Eventmanagement

Tanja Weber
Kippinger Straße 32
41836 Hückelhoven

Telefon: +49 (0) 2462 / 9 09 94 11
Telefax: +49 (0) 2462 / 9 09 94 12
Mobil:  +49 (0)  178 / 7 90 20 69

tanja@weber-me.de
www.weber-me.de

- Hochzeiten, Geburtstage, Jubiläen
- Tagungen, Kongresse, Seminare
- Messen, Produktpräsentationen
- Messetrainings, -beratung
- Weihnachtsfeiern, Sommerfeste
- Tag der offenen Tür
- Pressekonferenzen

### Wir nehmen uns Zeit für unsere Kunden.

Unsere sachkundige Beratung gibt Ihnen Sicherheit bei der Planung von Hochzeiten, Geburtstagen und Firmenevents. Wir helfen bei der Abstimmung der Weine und Sekt auf Ihre Speisen, wenn Sie wünschen sogar vor Ort.

Wir bieten Ihnen die Möglichkeit der Weinkommissionierung an. So reicht der Vorrat sicher und Sie bezahlen nur das, was wirklich verbraucht wurde. Dass alle Weine zuvor verkostet werden können, ist selbstverständlich.

Wein- oder Sektgläser und die dazugehörigen Kühlbehältnisse leihen wir Ihnen kostenlos dazu.

*Heiraten* FEIERN TAGEN

"La petite Cave"

Weinhandel

Inh. Elena Scharf
Kölner Strasse 345
41199 Mönchengladbach-Odenkirchen

## Wein- und Feinkostfachhandel „La petite Cave"

Telefon: +49(0) 2166 / 60 17 96
Telefax: +49(0) 2166 / 60 17 98

elena.scharf@web.de
**www.la-petite-cave.de**

- fachliche und persönliche Beratung / Verkostung
- individuelle Wein- und Feinkostproben
- mehr als 300 Weine aus aller Welt
- Spezieller Service für Feiern und Feste
- internationale Spirituosen
- großes Feinkostangebot
- Versandservice
- Präsentservice
- Gutscheine

CATERING / WEIN

**Agentur für musikalisches LIVE-Entertainment**

DJ *Agentur*

künstleragentur · eventmanagement · booking

Reinhard Nemitz · Grünewaldstraße 9 · 47447 Moers
office: 0 28 41 / 3 26 41 · mobil: 0172 / 252 38 55 · fax: 0 32 22 / 40 69 645
info@artist-eventainment.com · **www.artist-eventainment.com**

## Artist Eventainment
## Agentur für musikalisches LIVE-Entertainment

Artist Eventainment ist eine innovative Künstleragentur und stattet den künstlerischen Teil Ihres Events aus. Planen Sie eine private Veranstaltung wie Hochzeit, Jubiläum, runder Geburtstag? Oder eine Firmenveranstaltung, Kundenevent, Messeparty, Weihnachtfeier oder Ähnliches?
Wir erarbeiten Ihnen das passende Rahmenprogramm! Lassen Sie sich aus unserem umfangreichen Portfolio Ihr ganz individuelles Wunschprogramm kreieren und zusammenstellen. Sprechen Sie uns an! Wir beraten Sie persönlich und finden garantiert das Richtige für Ihren jeweiligen Anlaß – passend zu Ihrem Budget. Oder verwenden Sie unser Anfrageformular auf unserer Webseite:http://www.artist-eventainment.com/anfrage.html
Unser Motto lautet übrigens: „Ihr Event wird unvergesslich – unsere LIVE-Künstler sorgen dafür!"

## Artist Eventainment
## Agentur für musikalisches LIVE-Entertainment

Reinhard Nemitz
Grünewaldstraße 9
47447 Moers

Erreichbarkeit:
Mo. - Sa:  09:00 - 21:00 Uhr
Sonntags:  10:00 - 12:00 Uhr

Tel.:   02841 32641
Fax:    03222 4069645
Mobil: 0172 2523855

info@artist-eventainment.com
**www.artist-eventainment.com**

# NOCH MEHR LOCATIONS...

AKTUELLE
AUSGABE
**NIEDERRHEIN**

AUSGABE
**KÖLN / BONN**
ERSCHEINT IM
APRIL 2015

AUSGABE
**DÜSSELDORF /
RATINGEN /
METTMANN**
ERSCHEINT IM
HERBST 2015

AUSGABE
**WUPPERTAL /
SOLINGEN**
ERSCHEINT IM
HERBST 2015

Möchten Sie in eine der Ausgaben inserieren?
Dann nehmen Sie bitte mit uns Kontakt auf.

Norbert Pilawa
Neubrück 4 - 41516 Grevenbroich
www.norbertpilawa.de - info@norbertpilawa.de
Telefon 02182 5717800

Norbert Pilawa
**Hochzeitsmessen
in NRW**

Nur 1-Klick zu den
aktuellen Terminen
**www.norbert-pilawa.de**